Animales de la granja

Teddy Borth

ABDO
EN LA GRANJA
Kids

www.abdopublishing.com

Published by Abdo Kids, a division of ABDO, PO Box 398166, Minneapolis, Minnesota 55439.

Copyright © 2015 by Abdo Consulting Group, Inc. International copyrights reserved in all countries. No part of this book may be reproduced in any form without written permission from the publisher.

Printed in the United States of America, North Mankato, Minnesota.

072014

092014

 THIS BOOK CONTAINS RECYCLED MATERIALS

Spanish Translators: Maria Reyes-Wrede, Maria Puchol

Photo Credits: Shutterstock, Thinkstock

Production Contributors: Teddy Borth, Jennie Forsberg, Grace Hansen

Design Contributors: Dorothy Toth, Laura Rask

Library of Congress Control Number: 2014938888

Cataloging-in-Publication Data

Borth, Teddy.

[Animals on the farm. Spanish]

Animales de la granja / Teddy Borth.

p. cm. -- (En la granja)

ISBN 978-1-62970-344-2 (lib. bdg.)

Includes bibliographical references and index.

1. Livestock--Juvenile literature. 2. Spanish language materials—Juvenile literature.   I. Title.

636--dc23

2014938888

5

Mucha ropa y comida viene
de los animales de la granja.
Por ejemplo, la leche.

Vacas

La gente toma la leche que viene de las vacas. Con la leche se hace el queso, la mantequilla y el helado.

Cabras

Las cabras también dan leche. Con el pelo de las cabras se hace ropa.

Borregos

El pelo de los borregos se llama **lana**. La lana se usa para hacer ropa de abrigo y **cobijas**.

Pollos

La hembra del pollo es la gallina. La gallina pone huevos que la gente come.

Cerdos

Los cerdos son muy inteligentes y tienen buena **memoria**. Recuerdan cuánta comida hay y dónde se guarda.

Perros

Los perros trabajan mucho en las granjas. Tienen un gran sentido del olfato. Su olfato les ayuda a encontrar animales y plantas.

18

Caballos

Los caballos ayudan en la granja. Los caballos pueden mover **maquinaria** pesada.

20

Más datos

- A los animales de granja también se los conoce como "ganado".

- Las vacas no pueden vivir en zonas montañosas pero las cabras sí.

- El borrego fue uno de los primeros animales de granja.

- Como los perros, los cerdos tienen un gran sentido del olfato. Lo usan para encontrar hongos codiciados.

Glosario

cobijas – cobertor hilado que se usa para no pasar frío.

codiciados – algo que vale mucho.

lana – el pelo suave y rizado de los borregos y otros animales.

maquinaria – herramientas necesarias para un trabajo.

memoria – el recuerdo de lo que ha pasado o se ha aprendido.

Índice

abdokids.com

¡Usa este código para entrar a abdokids.com y tener acceso a juegos, arte, videos y mucho más!

Código Abdo Kids:
OAK0502

24